Programme officiel des Fêtes commémoratives du 5e centenaire de la captivité de Jeanne d'Arc à Arras

6 Juillet 1930

Jeanne s'en fut conduite d'Arras à Rouen

Programme Officiel

des

FÊTES

et du

CORTÈGE HISTORIQUE

organisés à l'occasion du

V^E^ Centenaire

DE LA CAPTIVITÉ
DE JEANNE D'ARC

en la Ville d'Arras

Arras, Dimanche 6 Juillet 1930

Comité d'Honneur et d'Initiative :

Présidents d'Honneur :

M. PEYTRAL, Préfet du Pas-de-Calais
Monseigneur JULIEN, Évêque d'Arras
M. le Colonel TREILLARD, Commandant d'Armes
M. DELANSORNE, Maire d'Arras

Président :

M. Alphonse TIERNY, Président de l'Académie d'Arras

Vice-Présidents : Mgr. GUILLEMANT, Vicaire Capitulaire
M. MONORY, Adjoint au Maire
M. TACQUET, Pasteur de l'Église Réformée

Trésorier : M. FABIGNON, Directeur de la Banque de France
Trésorier adjoint : M. MARÉCHAL, Vicaire Général

Secrétaire Général : M. DUQUESNOY, Pharmacien
» *adjoint :* M. Fernand GUILBERT

Membres :

MM. Fernand ANSELIN, BAYLE, Consul de Belgique, BESNIER, Archiviste du Département, Baron CAVROIS de Saternault, Colonel HERBILLON, Chanoine FOULON, Th. GRIFFITHS, Président de la Chambre de Commerce, Chanoine HOGUET, Vicaire Général, Abbé J. LAROCHE, MAIRE, PEULABEUF, Pierre SAUDEMONT, Léopold THOMAS, Léon TRICART

Comité d'Organisation :

Commissaire Général :

M. le Chanoine LECOCQ, Directeur des Pèlerinages Diocésains

Membres :

M.M. René CHARRUEY, Charles COSSART, Jules ELOY, Jean FINET, Maurice LECLERCQ, Oscar POLLET

La Couverture, l'Apothéose ainsi que les dessins qui ornent le programme sont l'œuvre de M. Maurice LECLERCQ

Les Projets des Chars sont dus à M. Maurice LECLERCQ et à M. Oscar POLLET. Ce dernier en a très gracieusement assuré la mise au point et l'exécution.

Costumiers :

M. Georges CRETEUR, 47, Rue Watt, Roubaix
M. GRANIER, 16, Faubourg Saint-Denis, Paris
M. MORIN-CHANTEAU, 1, Rue Marenge, Le Mans

INTRODUCTION

Jeanne d'Arc prisonnière à Arras

OCTOBRE — NOVEMBRE 1430

SOUS les murs de Compiègne, le chef de l'armée assiégeante, Jean de Luxembourg, comte de Ligny, sire de Beaurevoir, songeait : la ville était forte, et nul ne pouvait dire si les Bourguignons entreraient jamais dans la place. On touchait à la fin de septembre ; l'hiver s'annonçait. Du château de Beaurevoir, un courrier avait rapporté de mauvaises nouvelles : la santé de Mademoiselle de Luxembourg, propre tante du commandant en chef, inspirait des inquiétudes, et Jeanne de Béthune, femme de Jean de Luxembourg, se disposait à transporter la malade à Boulogne, où il serait plus facile de la soigner et de veiller sur ses dispositions testamentaires.

Mais, du même coup, la garde du château serait abandonnée à des subalternes ; et qu'adviendrait-il alors de la prisonnière, qui avait déjà donné tant de soucis à ses geôliers ? Un coup de main suffirait à la délivrer. Charles VII n'était guère à craindre. Mais dans l'armée, mais dans le clergé, cette maudite Pucelle gardait des partisans fanatiques, et la ville de Tournai, qui lui était notoirement acquise, n'était pas loin.

Jean de Luxembourg était en proie à ces sombres réflexions, quand un clerc se présenta, envoyé par un de ses frères, Louis de Luxembourg, évêque de Thérouanne, chancelier de France pour les Anglais. Devinant les inquiétudes fraternelles, le prélat proposait une habile combinaison : confier au duc de Bourgogne la garde de la captive, se faire payer par les Anglais une rançon royale, et alors seulement, permettre à Philippe le Bon de livrer Jeanne d'Arc à ses ennemis.

« Il n'y a que les diplomates pour imaginer ces élégantes solutions », se dit le soldat. Il sourit et, de son front rasséréné, les nuages s'envolèrent.

Quelques jours après, le guetteur du donjon de Beaurevoir signalait l'approche d'une compagnie de cavaliers. Celle-ci était formée mi-partie de gens du duc de Bourgogne, mi-partie de soldats de Luxembourg. Leur arrivée mit en émoi tous les hôtes du château. Philippe le Bon intervenait donc personnellement dans cette affaire, qu'il avait jusqu'ici laissée tout entière aux mains de son vassal. Mais dans quel but ? Lui, prince français, s'abaisserait-il à livrer une femme, une héroïne, dont nul ne contestait la loyauté, ni la vaillance, à ses pires ennemis ?

Ne voulait-il pas plutôt tenir un gage, qui pourrait devenir un appoint précieux dans ses négociations futures avec la France et l'Angleterre ? C'est ce que firent valoir, de bonne foi, les dames de Luxembourg, devant leur jeune prisonnière. Mais celle-ci ne se fit pas illusion. Et quand elle apprit qu'on voulait l'enfermer à Arras, après l'avoir promenée, toute chargée de chaînes, à travers les Etats de Bourgogne, elle ne put s'empêcher de voir, dans cette étape, un pas de plus vers les cachots anglais.

Mais déjà on l'avait attachée à la selle d'un cheval : le pont-levis s'abaissa, et au trot des montures, on descendit les pentes qui conduisaient, du château, vers les sources de l'Escaut. On suivit le fleuve pendant quelques lieues ; puis l'on obliqua à gauche, vers Bapaume. Il y avait de Beaurevoir à Arras plus de dix lieues à franchir, et l'on fut sans doute obligé de prendre gîte en l'un des châteaux-forts situés à proximité de la route.

Les champs étaient dépouillés de leurs moissons : çà et là, quelques laboureurs retournaient les chaumes, avec cette calme activité que Jeanne connaissait bien pour y avoir été mêlée de près, aux côtés de son père. Mais les plaines monotones du Cambrésis ne lui rappelaient que de loin ses collines natales. Et une pensée amère angoissait souvent son cœur,

en traversant ces pays si proches de la frontière: Que faisait Charles VII depuis trois longs mois ? L'avait-il oubliée à jamais ?

*
**

Arras était, alors, une cité puissante et riche. On l'appelait la ville aux cent clochers. La halle échevinale était modeste; la bancloque et le service du guet en étaient réduits à emprunter le clocher de Saint-Géry, qui surmontait l'église voisine. Mais sur la Grand'Place, longue de près de cent toises, large de cinquante, fêtes et tournois se succédaient sans relâche, auxquels le Duc, grand ami du faste et du plaisir, conviait la brillante noblesse des Pays-Bas.

David de Brimeu était, en cette fin d'année 1430, gouverneur de la ville. Reçut-il en personne, des mains de l'escorte, la célèbre prisonnière ? Ou pria-t-il l'intendant général des finances, Jean de Pressy, de remplir lui-même les formalités d'écrou pour une captive taxée à dix mille livres d'or ? Nous ne savons. Nous ignorons même dans laquelle de nos prisons d'Etat fut enfermée Jeanne d'Arc. Deux châteaux-forts relevaient directement du duc de Bourgogne, dans la capitale de l'Artois: la Cour le Comte, au centre de la ville, où il résidait, quand il passait en Artois; le château de Bellemotte, près de Blangy, environné d'eau de toute part, forteresse éprouvée qui avait subi victorieusement six semaines d'assaut en 1414, et que gardait une forte garnison militaire sous les ordres du capitaine Regnault de Happart.

Depuis quinze ans, le château n'était guère entretenu. Mais les appartements ne manquaient pas où l'on pouvait installer, si l'on voulait, l'illustre prisonnière.

Il semble bien, d'ailleurs, que soit indifférence, soit peur de se compromettre, l'évêque d'Arras, Hugues de Cayeux, l'abbé de Saint-Vaast, Jean de Clercq, le mayeur de la ville, Jean Paris, dit Dragon, s'abstinrent de témoigner un intérêt quelconque à la Pucelle d'Orléans.

D'autres furent plus courageux ou plus clairvoyants. Il sera question à plusieurs reprises, au procès de Rouen, de ces notables, hommes et femmes, qui, mus par la sympathie, demandèrent à visiter Jeanne d'Arc, et la supplièrent, dans son intérêt, de reprendre des habits de femme.

Parmi ces amis des mauvais jours, elle cita devant ses juges le nom de Jean de Pressy, seigneur de Maisnil-lez-Teneur; et si elle ne crut pas pouvoir se rendre à leurs

instances, elle garda bon souvenir de leur charitable intervention.

Comme à Beaurevoir, elle fut, de la part de ses gardiens, l'objet d'égards respectueux, et il est difficile de croire que, pendant les six semaines de sa détention à Arras, elle ait langui au fond d'une geôle. Quelques épisodes nous permettent de nous représenter le cadre de ses journées et la couleur, si l'on peut dire, des pensées qui l'assaillirent, en ces longues semaines.

Sur le point de quitter Beaurevoir, elle avait été obligée de révéler à des amis sûrs la détresse matérielle avec laquelle elle était aux prises. Parmi ses anciens compagnons d'armes, personne ne semblait se préoccuper de son lamentable sort, et le roi de France, qui lui devait sa couronne, n'avait pas l'air de songer que la libératrice de la France était dénuée de tout.

Jeanne s'était alors souvenue des « gentils loyaux Français de la ville de Tournai ». N'avaient-ils pas été les premiers à applaudir aux victoires d'Orléans et de Patay? N'avaient-ils pas envoyé des représentants officiels au sacre de Reims ? Leurs messagers n'avaient-ils pas suivi la Pucelle dans sa campagne de l'Ile de France, au mois de septembre 1429, puis à Compiègne, au printemps suivant ? Ils avaient même réussi à pénétrer jusqu'au donjon de Beaurevoir, d'où ils avaient rapporté un sûr message de Jeanne à ses amis, dévoués jusque dans le malheur.

La pauvre prisonnière savait donc à qui elle s'adressait lorsqu'elle avait fait mander « qu'en la faveur du roi leur « commun seigneur, et des bons services qu'elle lui avait « faits, la ville de Tournai, lui voulût envoyer de 20 à 30 « écus d'or, pour employer à ses nécessités ».

Ce sera l'éternel honneur des Tournaisiens d'avoir entendu ce cri de détresse. Leurs magistrats, les quatre « Consaux », comme on les appelait, décidèrent d'envoyer, à Arras, le clerc Jean Naveau (Naviel dans le dialecte local), accompagné d'un sergent bâtonnier, nommé Guillaume Bacquet, porteur de 22 couronnes d'or. Naviel avait à peine trente

ans : il avait déjà rempli une mission de confiance, sous les murs de Compiègne, quelques mois auparavant, et il possédait une instruction juridique qui devait lui permettre d'occuper, vingt ans plus tard, les fonctions de procureur général de Tournai.

Comment arriva-t-il à faire fléchir la consigne et à pénétrer auprès de notre héroïne ? Evoqua-t-il le souvenir des journées tragiques où Jean de Brimeu, frère du gouverneur d'Arras, combattant pour les Bourguignons dans ces mêmes fossés de Compiègne, avait été fait captif par Poton de Xaintrailles ? Ce fut, en tout cas, une grande joie, pour celle que devaient accabler tant de noirs pressentiments, de se trouver tout à coup en présence de l'ambassadeur de Tournai, dont la visite lui apportait, avec un gage de fidélité inviolable, un rayon d'espérance.

Quelques jours plus tard, un autre étranger fut encore admis auprès d'elle. Un Ecossais se présenta, porteur d'un tableau où l'héroïne était représentée en armes — « ces belles armes où elle se complaisait, comme eût fait un capitaine meneur d'une grande troupe » — ; elle mettait le genou en terre devant le roi et lui présentait un message. C'était la première fois que Jeanne, d'après son propre témoignage, voyait son image peinte sur toile. Comment ne pas envier le sort du rude archer d'Ecosse, qui vit passer, dans les yeux de la jeune fille, étonnée et ravie, avec un remerciement pour l'artiste, le regret des journées trop brèves où elle-même portait ce casque, brandissait cette épée et déployait cet étendard ? Et quel prix ne donnerions-nous pas pour retrouver cette image, où se complurent les regards de Jeanne, en sa prison d'Arras ?

Une plus grande joie lui était réservée, au cours de cette longue captivité. Avant de quitter Beaurevoir, elle avait annoncé que « Compiègne serait secourue avant la Saint-Martin d'hiver » (11 novembre).

Dans la deuxième quinzaine d'Octobre, en effet, le comte de Vendôme et le maréchal de Boussac se mirent en marche,

avec leur armée et un convoi de vivres, pour débloquer la ville. Une action décisive s'engagea et, le 26 octobre 1430, Jean de Luxembourg, surpris par la vigueur de l'attaque, sentit passer sur ses troupes le souffle de la défaite. N'était-ce pas comme la revanche de sa terrible prisonnière, et une nouvelle manifestation de cette audace offensive qu'elle avait eu l'art d'insuffler aux soldats de France ?

Ce qui est sûr, c'est que, derrière les murs épais de la forteresse où elle languissait, l'espoir n'abandonna pas son âme vaillante. Il vint un jour où ses voix déroulèrent devant elle une consolante vision. Les factions qui, depuis 1407, armaient Bourguignons contre Armagnacs et avaient fait plus de tort à la France que l'invasion anglaise elle-même, se réconcilieraient un jour. Ce duc de Bourgogne, sous le sceptre duquel elle pliait en ce moment, se souviendrait du sang royal qui coulait dans ses veines et mettrait sa main dans celle de son cousin. Ce jour-là, les haines fratricides seraient abolies et, à travers tout le royaume, courrait un frisson de joie.

C'est l'audacieuse prophétie que Jeanne devait, quelques mois plus tard, jeter à la face de ses juges ébahis, en ajoutant qu'elle en portait le secret depuis sa réclusion en Artois.

Ah! si elle avait pu entrevoir les splendeurs de ce que l'histoire appelle justement la paix d'Arras! Car c'est dans cette ville même, sous les cloîtres de cette antique abbaye de Saint-Vaast, dont ses yeux apercevaient peut-être les hautes murailles, qu'en 1435, amis et ennemis de Jeanne d'Arc, légats du pape, cardinaux, capitaines illustres, diplomates et princes de tout rang, devaient, à la suite d'assises mémorables, refaire l'unité française et préparer le départ définitif de l'Anglais envahisseur.

Hélas! D'autres pensées allaient occuper le cœur de la prisonnière, durant les derniers jours qu'elle passa dans notre ville.

Dès le 2 septembre, le roi d'Angleterre avait ordonné de cueillir et lever en Normandie, « dedans le dernier jour

« d'icelui mois », un impôt spécial de 80.000 livres, dont 10.000 livres tournois seraient consacrées « au paie« ment de l'achat de Jehan« ne la Pucelle, que l'on dit « être sorcière, personne de « guerre, conduisant les ostz (armées) du Dauphin ».

Le 20 octobre, une ordonnance enjoignait à Jean Bruyse, gardien des coffres royaux, de faire l'avance de l'or nécessaire pour opérer, sans retard, les versements promis à Jean de Luxembourg. Sous bonne escorte, un convoi partit donc de Rouen vers Beaurevoir, en évitant soigneusement toute la région battue par les troupes françaises. Il suivit la route du littoral jusqu'au Crotoy et descendit, de là, vers Arras et Bapaume. C'est seulement lorsqu'il eut encaissé la riche rançon que le comte de Ligny autorisa son souverain, Philippe le Bon, à livrer la prisonnière aux Anglais. Ces négociations prirent fin vers la mi-novembre.

Six semaines environ s'étaient écoulées depuis l'entrée de Jeanne d'Arc à Arras. Elle y avait, malgré tout, joui d'une liberté relative, et ses gardiens n'avaient cessé de la traiter courtoisement.

Or, voici qu'il lui fallait quitter cette cité hospitalière, remonter à cheval en plein hiver, et affronter ce qu'elle craignait plus que la mort elle-même: les prisons anglaises! Ses voix la soutenaient, sans doute, en cette suprême épreuve; mais elles ne lui parlaient plus de liberté ni de victoire en ce monde: « Prends tout en gré; ne te chaille (tourmente) « pas de ton martyre: tu t'en viendras enfin au royaume du « Paradis ».

Le mot y était: c'est pour le martyre qu'elle partait; c'est son calvaire qu'elle allait gravir

Elle sortit d'Arras vers le 15 novembre; elle coucha en route, une seule nuit, à Drugy Saint-Riquer; le lendemain elle était au Crotoy; d'où un mois après, une escorte anglaise devait l'entraîner à Rouen. Elle y arriva le 24 décembre.

*
**

Au jour précis où il livrait sa captive au roi d'Angleterre, Jean de Luxembourg apprenait que sa tante venait de

mourir à Boulogne et lui léguait ses comtés de Ligny et de Saint-Pol (15 novembre 1430). Humainement tous les bonheurs lui arrivaient ensemble. L'or affluait dans ses coffres ; titres et domaines jetaient un nouvel éclat sur son blason. Philippe le Bon, les Anglais eux-mêmes l'honoraient de leur confiance.

Mais j'imagine que le souvenir de sa victime devait le hanter et que le prix de la trahison lui brûlait les doigts. Car pendant le procès de Rouen, il voulut voir Jeanne dans son cachot et faire briller devant ses yeux la possibilité d'un rachat. Il s'attira cette foudroyante réplique :

« Au nom de Dieu, vous vous moquez de moi. Je sais « bien que ces Anglais me feront mourir (Warwick et le « connétable de Stafford étaient présents). Ils croient qu'a- « près mon supplice, ils gagneront la victoire. Mais seraient- « ils cent mille godons (sobriquet donné aux Anglais) de « plus qu'ils ne sont maintenant, ils ne conquerront point le « royaume de France. »

Ch. GUILLEMANT.

Programme de la Matinée
du 6 Juillet 1930

9 heures 15 — ***A l'Hôtel des Postes: Inauguration de la pierre commémorative destinée à marquer le passage de Jeanne d'Arc en notre ville.***

Cette pierre est offerte par un groupe de Canadiens français.

EXPOSITION de la MAQUETTE DE LA STATUE confiée par *Mgr Julien* au ciseau de *Maxime Réal del Sarte*, dans le vestibule de la Chambre de Commerce.

à 10 heures — ***Dans la cour intérieure du Palais Saint-Vaast (entrée : Place de la Madeleine)***

MESSE célébrée par Monseigneur DEBOUT, Protonotaire Apostolique, devant Leurs Grandeurs Monseigneur CHOLLET, Archevêque de Cambrai, Monseigneur RASNEUR, Evêque de Tournai, Monseigneur JANSOONE, Evêque auxiliaire de Lille.

SERMON par le R. P. DIEUX, de l'Oratoire.

CANTATE à Jeanne d'Arc captive, paroles de M. le chanoine H. VERGNEAU, musique de M. Emile BILLETON, organiste de la cathédrale d'Arras.

La Philharmonique interprètera divers morceaux au cours de la messe.

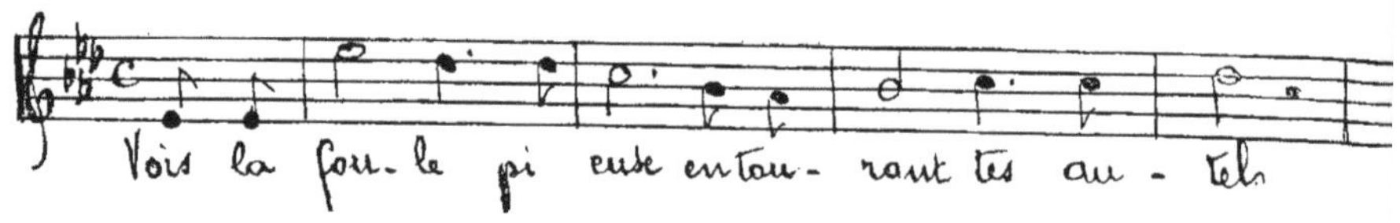

CANTATE A JEANNE D'ARC CAPTIVE

Paroles de M. le chanoine H. VERGNEAU.
Musique de M. BILLETON, organiste de la cathédrale.

I. — L'ARRIVEE

Dis-nous, guetteur, qui vient là-bas
Se dirigeant sur notre Arras ?
On dirait des guerriers escortant sur la route
Quelque lâche soudard, quelque Armagnac [sans doute.
Mais, non, spectacle étrange à nos yeux et [navrant!
C'est une jeune fille, ou peut-être une enfant
Qu'on nous amène ici, captive infortunée.
Mais voyez comme elle est fière, quoiqu'en-[chaînée!
Sais-tu, guetteur, quel est son nom ?
— On l'appelle Jeanne, dit-on.
— Quoi! Jeanne la Lorraine et Jeanne la [sorcière!
— Non! Jeanne l'Inspirée et Jeanne la guer-[rière.
Ecoutez! son pays était prêt de sombrer,
Et, Dieu aidant, son bras vient de le relever;
Les Anglais s'avançaient, prenant villes sur [villes,
Elle arrêta le cours de succès trop faciles:
Le roi lui-même était sans suite en ses des-[seins,
Elle, l'affermissant, le fit sacrer à Reims.
Pourquoi faut-il, ô Jeanne, héroïne idéale,
Pourquoi faut-il qu'Arras, ville riche et loya-[le,
Au lieu de t'accueillir en acclamant ton nom
Ne doive t'accorder qu'une obscure prison ?

II. — EN PRISON

Jeanne et ses voix

JEANNE

Où vient de me jeter la haine ?
Ici? mais j'y respire à peine!
O mes saintes, m'entendrez-vous
Si je vous prie à deux genoux?

LES VOIX

O Jeanne! ô vierge bien-aimée!
Pourquoi ton âme ainsi troublée
S'inquiète-t-elle en cet instant?
Du ciel, Dieu la voit, Dieu l'entend.

JEANNE

Mais, avec ces portes fermées,
Plus d'air, et plus de chevauchées!
Pour horizon, un simple mur!
Oh! mes saintes, n'est-ce pas dur!

LES VOIX

Cesse de regretter l'espace
Où tu t'élançais, jamais lasse;
Songe aux espaces infinis
Qui t'attendent au Paradis.

JEANNE

Et la France, que devient-elle?
S'y souvient-on de la Pucelle?
Mon roi pense-t-il à régner,
A vaincre, à chasser l'étranger?

III. — PROMESSES D'AVENIR

Enfant, demeure en paix; ne crains pas qu'on [t'oublie!
Accepte de souffrir encor pour ta patrie.
Déjà, par tes efforts, elle est libre, debout!
Des jours heureux viendront où, poussant [jusqu'au bout
L'ennemi, le boutant hors de son territoire,
Elle retrouvera son honneur et sa gloire.
Dans Arras on verra les haines prendre fin;
Les partis divisés s'y donneront la main;
Au chant du Te Deum, et dans la cathédrale,
On scellera la paix, paix féconde et loyale.

⁂

Et pour toi, chère Jeanne, écoute encor nos [voix
Qui vont te rassurer une nouvelle fois.
Ta prison va s'ouvrir. — Ah! Je serai rendue
A la liberté? — Non. — Pourquoi? — L'on [t'a vendue!
Vendue? A qui, Seigneur? — A l'ennemi [l'Anglais.
— Au vaincu d'Orléans? L'aurais-je cru [jamais?
— Et tu n'as pas fini de monter le calvaire,
Mais va! sans peur! le Christ est le modèle [austère
Que suivent les parfaits, et quel que soit le [sort
Qui t'attende à la fin, vois plus loin que la [mort!
Vois ton rang dans le ciel, au milieu de tes [saintes
Qui, si souvent, sur terre, ont adouci tes [plaintes!
Vois la foule pieuse entourant tes autels
Et célébrant ta gloire en des chants solennels,
Vois la France à tes pieds, les Evêques, les [prêtres,
Les magistrats, les chefs, les serviteurs, les [maîtres
Et ce qui, pour toujours, te doit être accordé,
L'amour de tout un peuple et l'Immortalité.

Cortège Historique

Rassemblement des Groupes et des Chars
à 13 heures 45, Boulevard Crespel
Départ à 14 heures 15

ITINÉRAIRE DU CORTÈGE

Rue Ste-Claire;
Rue d'Amiens;
Rue Terrée-de-Cité;
Pont-de-Cité;
Rue St-Aubert;
Rue Ernestale;
Rue Gambetta;
Place de la Gare;
Rue Chanzy;
Rue Pasteur;
Rue Emile-Legrelle;
Place des Etats;
Rue St-Géry;
Petite Place;
Rue de la Taillerie;
Grand'Place;
Rue Ste-Croix;
Rue du Marché-au-Filet;
Rue Méaulens;
Rue St-Maurice;
Rue St-Aubert;
Pont-de-Cité;
Rue du Vingt-Neuf-Juillet.

En tête du Cortège 

Les Hérauts d'Armes

Un massier à cheval: *M. Sorhouet.*

Huit trompettes à cheval: MM. Depretz, Demaretz, Vandermardière, Brillon, Blin, Paillou, Desquirez et Deletrin.

Quatre hommes du peuple offrant des programmes: *MM. Lecointe, Maréchal, Jolet, Holtinger.*

Un sergent d'armes: *M. Lecœuvre.*

Douze hérauts d'armes, à cheval, portant des oriflammes de Jeanne d'Arc, de la Ville et de la Cité: *MM. Barré, Weremme, Noël, Delannoy, Bollier, Duclos, Corenflot, Lepillier, Rebergue, Desorbain, Deliège, Dewagenaere.*

Premier

Jeanne d'Arc tombe aux mains des Bourguignons sous les murs de Compiègne
23 Mai 1430

Un porte-enseigne: *M. Girouel.*

Cavaliers bourguignons lance au poing: *MM. J. Flament,* et *M. Aviez.*

Archers auxquels est confiée la garde de la prisonnière: *MM. Boulenguez, Cadet, C. Flament, P. Flament, A. Sens. G. Mouton, A. Wiart, R. Sens.*

Jeanne d'Arc à pied, suivie de son cheval de guerre.

Elle porte, par-dessus son armure, une huque d'écarlate, brodée d'or et d'argent: *Mlle Simone Degrave.*
Son cheval de guerre conduit par un homme d'armes: *M. Parent.*

Jean d'Aulon, Ecuyer de Jeanne d'Arc: *M. G. Bracq;* Pierre d'Arc, frère de Jeanne d'Arc: *M. Moreau;* Poton le Bourguignon: *M. R. Tirman;* Frère Pâquerel, aumônier de Jeanne d'Arc: *M. P. Boulenguez.*

Les chevaux des prisonniers conduits par des hommes d'armes: *MM. Baumont, L. Parent.*

Groupe

Fantassins désarmés: *MM. Bienfait, Boidin, Vincourt, Vandercruyce, Baert, Violard, Piermé, Lorthioir.*

Deux archers préposés à la garde des prisonniers: *MM. A. Laurent, R. Aviez.*

Lionel de Wandonne, à cheval. (C'est un de ses soldats qui renversa Jeanne d'Arc et la fit captive) : *M. L. Sebert.*

Archer bourguignon portant l'épée de Jeanne: *M. P. Sébert.*

Dix arbalétriers: *MM. C. Lefebvre, A. Lefebvre, Jouvenet, Gilliot, Delaire, C. Despicht, G. Despicht, A. Dufresne, Bouchez, Graux.*

Trois cavaliers bourguignons dont l'un brandit triomphalement l'étendard de Jeanne d'Arc: *MM. P. Dumont, A. Vincourt, E. Parent.*

Ce groupe est constitué par les Amis de Saint-Léger, de Lens

Deuxième

Jeanne d'Arc est présentée au Duc de Bourgogne à Margny, près Compiègne

(Soir du 23 Mai 1430)

Un porte-enseigne : *M. Canivet.*

Sur un char :

En avant. Jeanne d'Arc en habits de guerre. sans casque, Mlle RENÉE LE GENTIL, gardée par des soldats qui portent piques et hallebardes : *MM. Jean Bouchez. Albert et Joseph Le Gentil, Maurice Lefebvre, Bernard Cordonnier.*

Auprès d'elle, Jean de Luxembourg : *M. Gérard Wartel,* présente sa prisonnière au Duc, son suzerain.

En arrière, Philippe Le Bon, duc de Bourgogne, *M. Jules Lefebvre;* à ses côtés, Enguerrand de Monstrelet, son chroniqueur : *M. Robert Watine;* la Duchesse de Bourgogne et les dames de sa suite : *Mmes Gérard Wartel, Jules Lefebvre, Emile Bouchez, Albert Lefebvre.*

Groupe 

Deux pages: *M. Bernard Lefebvre, Mlle Agnès Wartel.*

Deux chefs anglais: Montgomery, *M. Emile Bouchez,* et d'Arondel, *M. Albert Lefebvre,* qui contribuèrent au succès de la journée du 23 Mai.

Autour du char: *MM. Adhélard Wattebled, Emile Deruy, Watremez, Lesecq.*

Quatre Massiers: *MM. Lescouzec, Masse, Laplume, Laurent.*

Troisième

Défilé des Chevaliers qui s'affrontèrent au Tournoi donné sur la Grand'Place d'Arras

(Février 1430)

A l'occasion de sa « Joyeuse entrée » dans sa « bonne ville » d'Arras, un mois après son mariage avec Isabelle de Portugal, Philippe le Bon présida un tournoi sur notre Grand'Place.

Les joutes durèrent cinq jours. Trois fois, le sang français coula. Le duc félicita les champions et fit soigner les blessés jusqu'à guérison. Puis on se sépara pour continuer la guerre.

Un porte-enseigne: *M. Navel.*

Deux dames sur leur haquenée : *Mlles Agnès Derhille* et *Hélène Dernoncourt.*

Les valets de pied: *MM. Elie Grard* et *Gaston Trouet.*

Groupe de dames sur un char, suivies de leurs pages et de leur lévrier: *Mlles Madeleine Olive, Simone Derhille, Marie Jérôme, Raymonde Riche, Angèle Lebas, Paulette Firmin, Yvonne Lampin.*

Conducteurs du char : *MM. Martin, Alexandre.*

Le « maréchal de lice » Jean de Luxembourg: *M. Eugène Maniez;* un sergent d'armes chargé de lances pour remplacer celles qui se briseraient : *M. Louis Bernard.*

Groupe

Les cinq chevaliers français, bardés de fer et portant leur écusson.

Poton de Xaintrailles, compagnon de Jeanne d'Arc, futur maréchal de France: *M. Albert Delahode;* Théodore de Valperga, « le chevalier de Lombardie :» *M. Joseph Bétrémieux;* Philibert d'Abrecy: *M. Alfred Buchin;* Guillaume du Biez: *M. Aristide Roger;* Estandard de Milly: *M. Albert Lefebvre.*

Les cinq chevaliers bourguignons:

Pierre de Baufremont, sire de Charny: *M. Lucien Chapron;* Simon de Lalaing, sire de Montigny: *M. Nicolas Lesage;* Jean de Vaudrey: *M. Gaston Lesne;* Nicole et Philibert de Menthon: *MM. Louis Viseux et Robert Ricart.*

Deux écuyers: *MM. Abel Andriès et Antoine Pruvost.*

Ce Groupe est constitué par la Société des Mines de Lens

4e Groupe

Les Adieux des dames de Luxembourg à Jeanne d'Arc au Château de Beaurevoir en Cambrésis

(fin Septembre 1430)

Un porte-enseigne: *M. Bocquet.*

Sur un char en forme de château-fort, Jeanne d'Arc prisonnière, en habit d'homme, surveillée par des gardiens en armes: *Mlle Marie-Madeleine Foulon.*

Devant elle, les trois Jeanne :

Jeanne de Luxembourg, tante de Jean de Luxembourg, maître du château: *Mlle Marie-Jeanne Tierny.*

Jeanne de Béthune, femme de celui-ci: *Mlle Renée Tierny.*

Jeanne, fille de la précédente: *Mlle Parsy.*

Les châtelaines sont suivies de leurs dames d'honneur: *Mlles Marguerite-Marie Brunet, Germaine Delannoy* et *Renée Jailloux.*

Et de leurs pages: *Mlles Odette Leroy et Madeleine Daubresse.*

Elles témoignent compassion et respect à Jeanne d'Arc qui leur en sait gré.

Gardes: *MM. Henri Verlaine* et *Paul Fournier.*

Quatre Massiers: *MM. Courtin, Hervé, Lolliérou, Laroche.*

Quatre conducteurs: *MM. Augustin Leblanc, Louis Thopart, Meunier et Trumelet.*

5e Groupe

Jeanne d'Arc quitte Beaurevoir pour Arras

(fin Septembre 1430)

Un porte-enseigne: *M. Ritoux.*

Jean de Pressy, seigneur de Maisnil-lez-Teneur, gouverneur des finances du Duc de Bourgogne: *M. Maqueron.*

Une escorte de lanciers, à la solde de Jean de Luxembourg qui livra sa prisonnière au Duc de Bourgogne: *MM. Gadoux, Sylvestre, Gamble, Baudet, Schapfer.*

Jeanne d'Arc sur son cheval: *Mlle Elisabeth Taclet.*

Un soldat tient le cheval de la prisonnière par la bride: *M. Cosme.*

Derrière, un porte-fanion: *M. Duparc;* escorte de cavaliers à la solde du Duc de Bourgogne: *MM. Deleau, Mayeur, Garet, Delauffre.*

Sixième

Les "Gentils Loyaux Français"
de la Ville de Tournai
apportent des secours à Jeanne d'Arc

Porte-enseigne: *M. Freslon.*

Jean Naviel, clerc (*M. Charles Dubar*), et Guillaume Bacquet (*M. Louis Losfeld*), sergent de la ville, rendent compte aux autorités de la mission qu'ils viennent de remplir à Arras.

Les « Consaux » où magistrats chargés de l'administration de Tournai: *MM. Henri Pannequin fils, Roger Dumortier, Joseph Dujardin.*

Le Grand Prévost, *M. Valère Reynders;*

Le second prévost, *M. Georges Bouchar;*

Deux jurés : *MM. Joseph Delhaye* et *Edmond Verdière;*

Le mayeur, *Henri Pennequin* (*père*) ;

Le sous-mayeur, *M. Maurice Mazure;*

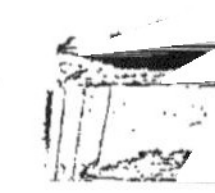

Groupe

Deux échevins de Tournai, *MM. Robert Delvigne* et *Gustave Vandebos*, deux de Saint-Brice: *MM. Joseph Marlier* et *Paul Nortier*.

Le Grand Doyen des métiers, *M. Gustave Leclerq;*

Le sous-doyen des métiers, *M. Louis Duruisseau;*

Le doyen des Bouchers, *M. Hector Dransart;*

Le doyen des Drapiers, *M. Pierre Nortier.*

Cinq porte-bannières: *MM. Xavier d'Espierres, Georges Lemaire, Gérard Rivière, Paul Michenaud, Louis Courault.*

Un conducteur, *M. Cayet.*

Groupe constitué par la Ville de Tournai

Septième

Jeanne d'Arc dans sa prison d'Arras

Jeanne d'Arc a langui six semaines dans sa prison d'Arras. Si elle y a souffert, elle y a reçu, du moins, de précieux témoignages de sympathie (Octobre-Novembre 1430).

Un porte-enseigne: *M. Duchamps.*

Sur un char.

Jeanne d'Arc dans sa prison, *Mlle Marie-Andrée Eloy*, surveillée par un geôlier, *M. Victor Camus.*

Devant elle, un chevalier écossais, *M. Jean Devos.* Il lui offre un portrait qui représente la Pucelle tout armée.

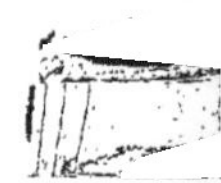

Groupe 

Quatre conducteurs: *MM. Pierre Houillon, Auguste Hennedouche, Dechinder et Cappellaere.*

Quatre Massiers: *MM. Deroo, Cappelle, Emile Caron et Mauduit.*

Quelques hommes de la suite du chevalier écossais, tenant ledit tableau: *MM. Pierre Brunet, Georges Devos, Clovis Laurent, Marius Laurent, Antoine Charruey.*

Tous les chars du Cortège ont été construits par la Maison H. Peultier, de Paris

Huitième

Le Prise de la Trahison

(Novembre 1430)

Un porte-enseigne: *M. Black*

Jean de Luxembourg aurait pu rendre la liberté à sa captive, moyennant rançon. C'était l'usage entre chevaliers à cette époque: Xaintrailles venait de le faire pour le propre frère du Gouverneur d'Arras, Jean de Brimeu, tombé entre ses mains.

Malgré son entourage, Jean de Luxembourg préféra vendre Jeanne d'Arc au régent Bedford. Elle lui fut payée dix mille livres.

Jean de Luxembourg, *M. Louis Frassaint;* figure en tête du groupe, en costume civil, précédé de quelques arbalétriers.

Un secrétaire, *M. Vasse*; un trésorier, *M. Emile Lancrès.*

Arbalétriers: *MM. Lemoine, Fourmeaux, Capeau, Cuvilliez, Carliez, Delory, Trébon, Lattaignant, Barré, Tréhoux, Petit, Plouhinec, Viart, D'Hautefeuille.*

Groupe

Pierre Sureau, Receveur Général de Normandie: *M. Maurice Bultez* et Jean Bruyse, gardien des coffres du roi d'Angleterre: *M. Francis Bultez*, viennent lui remettre l'or anglais.

Fonctionnaires du Trésor, suivis de mulets qui portent des coffrets remplis d'écus: *MM. Navière, Defly et Alfred Cathelain.*

Escorte d'archers: *MM. Pavy, Georges Carlier, Arsidius Lesage, Jean Wallez.*

Un homme d'armes: *M. Dal Gos Angels.*

Groupe constitué par le R. C. d'Arras

Neuvième

Chevaliers de la Toison d'Or

et leurs nobles Dames venant du mariage du Duc de Bourgogne (Bruges, Janvier 1430)

Un porte-enseigne : *Willem.*

Sur un char :

Duchesse de Bedford : *Mme la Comtesse de Kergorlay.*

Duchesse de Clèves : *Mlle Geneviève de Kergorlay.*

Comtesse de Namur : *Mlle de Kergorlay.*

Madame de Luxembourg : *Mlle Françoise de Pas.*

Un petit page : *Mlle Jacqueline Maréchal.*

Leur suite: *Mlles L. Demarcq, I. Dupuis, G. Lohte, A. Santerne.*

Groupe 

A cheval :

Le Duc de Gueldre : *Comte de la Salle.*

Un Infant de Portugal : *Baron de Fresnoye.*

Duc de Bar : *Comte de Bryas.*

Comte de Ligny : *M. Xavier Poulain.*

Comte de Saint-Pol : *M. Jacques -Tierny.*

Comte de Nevers : *M. J. Eloy.*

Quatre Massiers : *MM. Bassian, Loison, Poriel, Leroy.*

Quatre conducteurs du char : *MM. Héquet, Aug. Baridet, Louis Pécry, X..........*

Dixième

Départ de Jeanne d'Arc pour Rouen

vers le 15 Novembre 1430

Un porte-enseigne : *M. Dubois.*

Gardes Bourguignons commandés par Aymon de Macy, *M. Jean Haniquaut;* valet de pied, *M. Eugène Dervillers.*

Arbalétriers: *MM. Alcide Duplouy, Georges Cramet, Emilien Duval, Jean Dhée, Raymond Caillet, Augustin Lefebvre, Francis Ternu, Robert Levier, Félix Ledée.*

Groupe

Soldats anglais: *MM. Emile Demailly, Oscar Bécourt, Désiré Sergent, Marcel Carnet, Henri Delbende, Michel Selamme, Clément Lecq, Georges Billemont.*

Deux archers à cheval: *MM. Martin et Millet.*

Jeanne d'Arc. *Mlle Royer*, sur une charrette gardée par deux hommes d'armes, *MM. Lucien Létocart et Louis Ricq;* autour de la charrette, des arbalétriers, et deux sergents à verge: *MM. Johan et Vanneuville*, tenant des chiens en laisse.

Conducteur, *M. Ponthieu.*

Groupe constitué par la Société de Gymnastique d'Arras

Onzième

Les Autorités de la Ville et de la Cité d'Arras en 1430

Le porte-enseigne : *M. Petit.*

David de Brimeu, chevalier de la Toison d'Or, conseiller chambellan du Duc de Bourgogne, *M. André Deneck.*

Ses lieutenants, Jacques de Beauvoir: *M. de la Phalecque;* Jean d'Athis : *M. Frédéric Goubet.*

Trois cavaliers: *MM. Gaston Bachelet, Albéric Duminy, Charles Lhote.*

L'Evêque d'Arras, Hugues de Cayeux, *M. Edouard Billet.*

Cinq chanoines de la cathédrale d'Arras, en costume d'hiver: *MM. Marcel Delahaye, Gustave Lefetz, Francis Lemaître, Bernard Loschay, Pierre Warmoes.*

L'Abbé de Saint-Vaast : *M. Jean Lambin.*

Le Grand-Prieur de Saint-Vaast : *M. André Bigotte.*

Cinq Moines : *MM. Daniel Belavoine, Pierre Burga, Albert Capron, Pierre Déplanques, Maurice Mionnet.*

Le Mayeur de la Ville, Jean Paris : *M. Henri Lhote.*

Les échevins, Guillaume Le Mas: *M. François Barbaux;* Jacques Wallon: *M. Pierre Barjolin;* Martin Pillon, *M. Pierre Chenevière;* Jacques Camp, *M. Raymond Delattre;* Lionel de St-Waast, *M. Pierre Esbraire.*

Sept autres échevins: *MM. Victor Hauwel, Francis Heuschling, Augustin Magret, Edmond Poteau, Eugène Poulain, Henri Poulain, Charles Wattelle.*

Groupe

Dix Notables: *MM. Marcel Angot, Albert Chasseing, Albert Chemet, Maxime Delorme, Julien Huguenin, Marcel Maugère, Henri Moreau, Polin Moreau, Jean Nicolas, Alexandre Potier.*

Quatre porteurs de dais : *MM. Germain Baudoux, Jean Cayet, André Gellez, Emile Vallet.*

Huit Dames de la Noblesse: *Mlles Marcelle Bouchart, Mireille Delannoy, Suzanne Hermant, Raymonde Martin, Odette Thopart, Claude Esbraire, Madeleine et Simone Royer.*

Dix Dames du peuple: *Mlles Germaine Berthe, Ida Carpentier, Adrienne Deberles, Thérèse Deleury, Georgette Demarcq, Paule Dervillers, Marie-Louise Rémy, Thérèse Esbraire, Marcelle Hoyez, Renée Thaumoux.*

Quatre enfants: *Mlles Augusta Barbaux, Christiane Hourriez, MM. Marcel Deflandre, Léon Lefèvre.*

Groupe constitué par les Rosati d'Arras

Douzième

Les Corporations d'Arras au XVe Siècle

Un porte-enseigne : *M. Blanchon.*

Le Grand Mayeur : *M. Morel.*

■

La Corporation des Orfèvres :

Un page : *M. Jacques Bernard.*

Le Mayeur : *M. Plantier.*

Trois artisans dont un porte le chef-d'œuvre : *MM. Leriche, A. Delobelle, L. Delobelle.*

■

La Corporation des Drapiers :

Un paqe : *M. Robert Mercier.*

Le Mayeur : M. Doualle.

Quatre artisans portant des pièces de drap : *MM. Kertrestel, Baco, Gorlier, Bion.*

■

La Corporation des Ferronniers :

Un page : *François Leclercq.*

Le Mayeur : M. Dauphin.

Trois artisans dont un porte le chef-d'œuvre : *MM. Detœuf, Dellacherie, Auchart.*

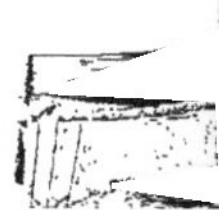

Groupe 

La Corporation des Cordonniers :

Un page : *M. Charles Roussel.*

Le Mayeur : *M. Fustin.*

Quatre artisans : *MM. Hemery, Mafrans, Magnier* et *Leblond.*

Quatre pages portant le Saint de la Corporation : *MM. Roger Valnet, Jean Fourmeaux, Bernard Château* et *Jean Lefebvre.*

■

La Corporation des Menuisiers :

Un page : *M. Ernest Brunet.*

Le Mayeur : *M. Lamarcq.*

Quatre artisans dont un porte le chef-d'œuvre : *MM. Quenon, Watel, Michelin, Lecomte.*

'Groupe constitué par l'Arras Olympique

Apothéose

Un massier à cheval : *M. Henri Desplat.*

Deux hommes d'armes à cheval : *MM. Soutif et Pagny.*

Les Protectrices et les Amies de Jeanne d'Arc

Famille de Jeanne. — Isabelle Romée, sa mère, *Mlle Coquelet;* Catherine d'Arc, sa sœur, *Mlle Decomble;* Jeanne Mangotte de Vouthon, sa cousine, *Mlle Tranin.*

Ses marraines. — Jeanne Aubry, *Mlle R. Leroux;* Jeanne Tiercelin, *Mlle Cornette.*

Ses compagnes. — Isabellette, *Mlle Caby;* Mangette, *Mlle Thérèse Landron;* Hauviette, *Mlle Laurent.*

Ses Protectrices. — Yolande d'Aragon, reine de Sicile: *Mlle Eugénie Vallée;* ses dames d'honneur: *Mlles Colette* et *Lesenne;* page: *Mlle Marie Scheeseman.*

Marie d'Anjou, reine de France: *Mlle Sophie Savary;* ses dames d'honneur: *Mlles Marie-Elisabeth Eloy et Brisset;* page: *Mlle Thérèse-Marie Eloy.*

Jeanne d'Orléans, duchesse d'Alençon: *Mlle Marie-Madeleine Eloy;* ses dames d'honneur: *Mlles Donse et France Bucquet;* page: *Mlle Anne-Marie Eloy.*

Princesse Marie de Bretagne: *Mlle Elise Crepel;* ses dames d'honneur: *Mlles Boniface et Bouche;* page: *Mlle Danchin.*

Jeanne, duchesse de Luxembourg, Comtesse de St-Pol: *Mlle Bayart;* page: *Mlle Duterque;* Jeanne de Béthune: *Mlle Antoinette Vallée;* page: *Mlle Scheesman;* Jeanne de Luxembourg, *Mlle Miseron;* page: *Mlle Gilot.*

Quelques témoins qui déposèrent au procès :

Pierronne la Bretonne: *Mlle Cornette;* Dame Jacques le Boucher: *Mlle Bridel;* Catherine le Royer: *Mlle Demelin;* Guillemette de Coulon: *Mlle Decomble;* Jeanne de Monchy: *Mlle Slagmulder;* Charlotte Havet: *Mlle Cauet;* Marie Le Boucher: *Mlle Carré.*

Les Pages

Petits pages : *MM. Léonce Roussel, Louis Cuvellier, André Bertrand, Lucien Taclet, Jean Leloir, Robert Plez, Serge Mollet, Guy Vandecasteele, André Drieux, Louis Briois, Alfred Godbert, Michel Vaillant, Antoine Mercier, Marc Bourget, Roland Lefebvre, André Jacquiot, Louis Corenflos, Jean Payen, Roger Ducatel.*

Char de l'Apothéose

Jeanne écoutant ses voix: *Mlle Colette Danzel d'Aumont.*

La maison de Jeanne à Domremy.

Chœur de 15 jeunes filles aux couleurs de Jeanne d'Arc: *Mlles Jeanne Brisset, Elisabeth Brunet, Marie Cavrois de Saternault, Bernadette Delplace, Marthe Denoyelle, Odette Fressaint, Marguerite Gossart, Alice Leroy, Pauline Ledru, Andrée Perlin, Madeleine Sapelier, Madeleine Tierny, Thérèse Tierny, Jeanne Velut et Mary-Aimée Versmée.*

Dominant un bûcher, Jeanne d'Arc dans la gloire. — Au-dessus de sa tête flotte joyeusement son étendard.

Quatre massiers : *MM. Vastra, Maille, Despret, Bajeux.*

Quatre porte-torches : *MM. Denne, Blarel, Parent, Royer.*

Conducteurs du char: *MM. J. Lambert, J. Lambecq, Galbe, Dougniaux, Hagneré, et Bellanger.*

Quatre lanciers: *MM. Théophile Delicourt, Joseph Bassery, Auguste Montigny, Dauchet.*

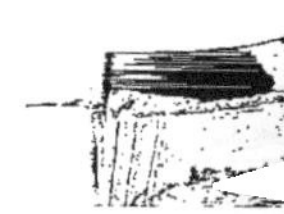

Emplacements des Musiques :

Rue de la Paix : Pick-Up de la Sté des Equipements électriques.

Place du Pont de Cité : Harmonie du Commerce, chef M. Lahaye :

Place du Wetz d'Amain : Harmonie des Mines de Nœux, chef M. Miquel.

Place du Théâtre : Fanfare des Mines de Béthune, chef M. Delhaye.

Banque de France : Pick-Up de la Maison Leleu.

Postes et Télégraphes : Pick-Up de la Maison Mutte-Herlin.

Place de la Gare : Union Musicale des Cheminots d'Arras, chef M. Drynkebier.

Angle des rues Pasteur et Ronville : Pick-Up de la Maison Candelier.

Place des Etats : Fanfare de la Verrerie de Wingles, chef M. François Caron.

Petite Place : Grande Harmonie des Mines de Dourges, chef M. Morel.

Grand'Place : Harmonie de Sessevál (Aniche) chef M. Leclercq.

Place Ste-Croix : Harmonie des Mines de Nœux.

Cathédrale : Pick-Up de Radio Daupleix.

Rivage : Harmonie du Commerce.

Pont de Cité : Harmonie de laVerrerie de Wingles.

Marché aux Poissons : Fanfare du Père Halluin, Chef M. Théophile.

Pour dépôt légal
le 14.7.70

Imp. Central
de l'Artois, Arr

www.ingramcontent.com/pod-product-compliance
Ingram Content Group UK Ltd.
Pitfield, Milton Keynes, MK11 3LW, UK
UKHW021526260726
13993UKWH00004B/1870

9 782329 202853